AF330564

L 27/72
24601

BIBLIOTHÈQUE

CHRÉTIENNE ET MORALE

APPROUVÉE

PAR MGR L'ÉVÊQUE DE LIMOGES.

Tout exemplaire qui ne sera pas revêtu de notre griffe sera réputé contrefait et poursuivi conformément aux lois.

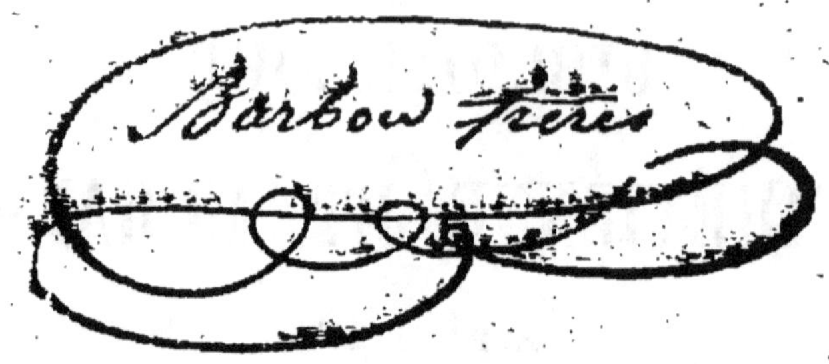

CHARLES

OU

LE GUIDE VERTUEUX.

LIMOGES.

BARBOU FRÈRES, IMPR.-LIBRAIRES

DÉPÔT LÉGAL
HAUTE-VIENNE
N° 74

CHARLES

OU

LE GUIDE VERTUEUX.

Charles de Sainte-Maure, duc de Montausier, pair de France, chevalier des ordres du roi, et gouverneur de Louis, dauphin de France, était d'une ancienne maison originaire de Touraine, où la probité, la franchise et la droiture étaient héréditaires, et où la simplicité des mœurs antiques s'était toujours conservée. Dès son enfance, on vit se dévolopper en lui cette fierté de caractère incapable de se plier au déguisement et à la dissimulation. La mort lui enleva, dans ses premières années, un père dont la perte aurait été irréparable, s'il ne fût tombé sous la conduite d'une mère de l'ancienne maison de Châteaubriand, qui renonça d'abord à tous les plaisirs pour n'être occupée, à l'âge de vingt-cinq ans, et dans une triste et laborieuse viduité, que des affaires de sa famille. Quel que fût l'éclat de sa beauté, elle s'imposa le joug d'une vertu austère, et sacrifia à l'éducation et à la fortune de ses enfants les agréments et tout le repos de sa vie. Charles lui offrit beaucoup d'obstacles à surmonter. Ce n'est pas que le ciel n'eût enrichi son cœur de ces principes d'honneur et d'équité source féconde de sentiments honnêtes. La feinte ne pouvait rien ajouter à sa gloire, et l'art en lui ne pouvait mieux faire que la nature. Sa maison, dont l'origine se perd dans l'obscurité du temps, lui fournissait, depuis sept cents ans, de grands exemples. Il y trouvait une noblesse toujours pure par ses vertus, toujours utile par ses services, toujours glorieuse par son rang, par ses emplois, par ses alliances. Il voyait, dans l'histoire, ses ancêtres tantôt soutenant avec éclat les premières dignités du royaume ; tantôt, dans l'assemblée des seigneurs de plusieurs provinces, s'intéressant pour les droits et pour les libertés des peuples, tantôt allant avec des troupes nombreuses, levées à leurs dépens, recouvrer les terres que des seigneurs voisins avaient usurpées sur eux. Il racontait avec plaisir les services que son aïeul avait rendus à Henri IV, de glorieuse mémoire, et plus volontiers encore les conseils sages et libres qu'il lui donnait, et il ajoutait que ses pères avaient toujours été fidèles serviteurs des rois leurs maîtres, mais qu'ils n'avaient pas été leurs flatteurs ; que cette honnête liberté dont il faisait profession était un droit acquis et une possession de famille, et que le privilége de dire la vérité lui avait été transmis de père en fils, comme une portion de son héritage. Mais Charles de Sainte-Maure était encore dans cet âge où l'on ne suit que le premier instinct de la liberté, et son caractère, que la raison n'avait pas encore modéré, le révoltait contre la discipline et la contrainte. Madame de Montausier fut obligée de s'armer

d'une rigueur inflexible. En mère dont
a tendresse éclairée démêlait de bonne
heure le naturel de son fils, elle s'ap-
pliqua à contredire en tout ses inclinations, à l'accoutumer à souffrir sans se
plaindre le froid et le chaud, à courir à
pied, à monter à cheval, à manger les
choses mêmes pour lesquelles il témoi-
gnait le plus de répugnance, à fuir
l'apparence du mensonge, à ne se laisser jamais vaincre par la douleur, et à
retenir les larmes qu'elle arrache
quelquefois aux âmes les plus intré-
pides.

Cette éducation spartiate fit de lui un
guerrier infatigable, et à l'âge de dix
ans, il promettait déjà d'être l'ennemi
irréconciliable de la flatterie et du mensonge. Après avoir aguerri le corps de
son fils contre tous les hasards après
avoir formé son cœur, il restait encore

à cette mère vigilante un devoir plus important à remplir, ou plutôt ce devoir sacré était le prémier de tous. Mais, hélas! elle employa ses premiers soins à lui apprendre les principes d'une fausse religion. Egaré dès ses premiers pas dans les voies de Dieu, instruit ensuite par les maîtres mêmes de l'erreur (à Sédan, sous le ministre Dumoulin), et nourri, pour ainsi dire, dans le sein de l'hérésie, il prit des nouveautés profanes pour la tradition vénérable. Sensible à tous les malheurs du parti, attentif à tout ce qui flattait ses préventions, mêlant, tout enfant qu'il était, dans les conversations et les disputes, il suppléait par son ardeur à ce qui manquait à ses connaissances, et dans un âge où l'on connaît à peine sa religion, déjà il défendait la sienne. O Dieu de vérité, vous n'avez pas créé son intelligence pour être le jouet du mensonge; vous ferez couler sur lui, du sein de votre gloire, un de ces rayons de votre grâce qui portent le vrai dans le fond des cœurs, et vous ne permettrez pas qu'il reste livré à l'erreur et à la vanité. Si vous laissez croître ses ténèbres, pour avoir plus de gloire à les dissiper, vous lui réserverez les dons d'une miséricorde d'autant plus généreuse, que son zèle ardent et ses intentions sincères le justifiaient à ses propres yeux, et qu'il croyait honorer la vérité dans l'hommage même qu'il rendait au mensonge.

Au moins avec son cœur, son esprit fut heureusement cultivé. Quels ne furent point ses progès dans la connaissance des leltes humaines! Le goût qu'il eut pour la poésie et l'éloquence, dont il apprit, non-seulement toutes les beautés, mais encore toutes les règles;

l'étude qu'il fit de cette noble et savante antiquité, qu'il regardait comme la source de la raison et de la politesse de notre siècle ; un amour curieux pour les livres, une activité de savoir, une assiduité, et, si j'ose le dire, une intempérance de la lecture, furent les passions de sa jeunesse. Nous ne parlerons pas de ses campagnes, où l'amour de la gloire allumant les premiers feux de son courage, il annonça, aux siéges de Rosignan et de Cesal, par les services qu'il rendit, ceux que le prince et la patrie pouvaient en attendre. Animé par les exploits éclatants d'un frère dont la réputation ne pouvait égaler le mérite, il eut part aux louanges que lui donnèrent justement et ses ennemis et ses souverains.

La bienséance, et plus encore, les devoirs de sa naissance, l'engagèrent à se mêler dans la foule des courtisans pour révérer la grandeur et la majesté d'un roi plein de religion et de justice, et pour gagner la faveur et l'estime du cardinal Richelieu, qui savait reconnaître la vertu, et qui distribuait les dons de la fortune. On lui dit mille fois que la franchise n'était pas une vertu de la cour ; que la vérité n'y faisait que des ennemis ; qu'il fallait, pour y réussir, savoir, selon les temps ; ou déguiser ses passions, ou flatter celles des autres; qu'il y avait un art innocent de séparer les pensées d'avec les paroles, et que la probité tolérait cette fausseté réciproque qui, transformée en usage de convention, blessait à peine la bonne foi, et maintenait des dehors de politesse nécessaire à la paix de la société.

Ces conseils lui parurent ceux de la lâcheté, il allait avec répugnance porter son encens sur les autele de la fortune , et en revenait chargé du poids de ses pensées , qu'un silence contraint avait retenues. Ce commerce continuel de mensonges ingénieux pour se tromper mutuellement , de calomnie pour se nuire, d'exemples reçus et rendus pour se corrompre; cette hypocrisie universelle qui s'étudie à cacher de véritables défauts, ou à produire de fausses vertus ; ces airs mystérieux qu'on se donne pour couvrir son ambition, ou pour relever son crédit; cet esprit de dissimulation et d'imposture, ne convinrent pas à sa vertu. Ne pouvant se soustraire à la tyrannie de l'usage, il déclara à ses amis qu'il allait à l'armée faire sa cour par des services effectifs, qu'il lui en coûtait moins d'exposer sa vie que de dissimuler ses sentiments, et qu'il n'achèterait jamais ni faveur ni fortune aux dépens de sa probité.

Il ne voulut apprendre d'autre langage que celui de l'Evangile, et, constant dans ses résolutions, fidèle à ses promesses, plus empressé à tenir sa parole qu'à la donner, sincère dans ses actions comme dans ses paroles, il n'eut besoin, pour s'élever dans sa profession, ni de sollicitations ni d'artifices ; sa prudence, son application et sa valeur lui attirèrent l'estime des deux plus renommés capitaines de son temps, le duc Weimer, et le maréchal de Guébriant, qui, dans les guerres de l'Allemagne, s'étaient servis utilement de son secours et de ses conseils.

L'Alsace avait été le théâtre de ses travaux ; le gouvernement de cette province en fut aussi la récompense, pour lui offrir de nouveaux moyens de se distinguer. L'ennemi était redoutable et voisin de la frontière. Le peuple d'Alsace n'était qu'à demi soumis. M. de Montausier n'avait à attendre de la cour que de faibles secours, et cette province lui était donnée plutôt à conquérir qu'à gouverner. Tant de difficultés ne firent qu'animer sa constance ; et par des combats presque journaliers, ayant affermi son gouvernement, il le rendit, par sa modération, un des plus heureux et des plus tranquilles du royaume.

Il revint à la cour, et ne se prévalut ni des louanges ni des espérances qu'on lui donna. Il joignait la réserve du jugement à la hardiesse du courage. Quoiqu'il aimât la gloire, il la cherchait dans ses actions, non dans le témoignage des hommes ; sa seule modestie, lorsqu'il était question de son mérite personnel, était en opposition avec sa sincérité. Cependant personne ne pouvait pousser plus loin l'élévation des sentiments et l'intrépidité du courage. On le vit, à la bataille de Cerne, charger trois fois les ennemis, et, couvert de sang et de poussière, offrir à son général trois drapeaux qu'il leur avait enlevés. On le vit, avec deux cents hommes seulement, au siége de Brissac, renverser, sur les bords du Cher, deux mille hommes, à la vue de i'armée ennemie.

L'ardeur pour l'étude n'avait point été chez lui une passion de la jeunesse ; il la conserva dans toutes les situations de la vie, dans le tumulte des camps, dans les emplois les plus importants; elle fit toujours ses délices , et c'est ainsi que, sans le savoir, il se disposa à l'éducation de l'héritier brésomptif du premier trône de l'Europe. Devenu bientôt un des principaux ornements de l'illustre société de l'hôtel Rambouillet, regardée alors comme le centre de la politesse et de la science, il s'y fit admirer par l'étendue de ses lumières, par un goût sûr et délicat dans les discussions littéraires, par ce caractère de probité et de vertu qui régnait dans ses entretiens. Toutes ces qualités fixèrent sur lui les regards de Julie-Lucie d'Argennes, fille de la célèbre marquise de Rambouillet, et qui, dame d'honneur de la reine Marie-Thérèse, et gouvernante du grand dauphin, fils de Louis XIV, eut en partage la vertu et l'esprit de sa mère.

Jusqu'alors, M. de Montausier ne savait que par les rapports de la renommée, et les conversations littéraires de l'hôtel de Rambouillet, et quelles étaient les qualités de cette demoiselle. Il avait déployé son talent pour la poésie, dans la *Guirlande de Julie*, ou le *Bouquet de fleurs poétiques* qu'il présenta à mademoiselle de Rambouillet le jour de sa

fête. Les muses françaises les plus célèbres du temps contribuèrent aussi à
l'envi à l'embellir. Mais les fleurs qu'il
attacha lui-même à cette fameuse guirlande en furent le plus bel ornement.
Eh ! que sont tous ces talents frivoles
à côté des qualités du cœur? Le jeune
homme cherchait en Julie quelque cho-
se de plus estimable. Elle venait de se
distinguer par un trait héroïque de dévouement. Le cadet de ses frères, dans
un âge encore tendre, fut frappé de la
peste qui désolait la capitale du royaume, et qui porta ses ravages jusque dans
le palais des grands. Ce fut en cette oc-
casion que mademoiselle de Rambouillet, alarmée du danger de son frère et
de celui auquel son illustre mère voulait s'exposer en offrant ses soins au
malade, donna un exemple mémorable
de sa fermeté et de sa tendresse. Elle ne
put détourner d'abord madame de Ram-

bouillet de la résolution qu'elle avait prise ; mais elle en obtint de partager. le péril avec elle. Sa jeunesse, sa beauté, la délicatesse de son tempérament, le soin de conserver une vie que tout conspirait à rendre heureuse, tous ces motifs ne purent l'empêcher de faire un sacrifice dont la religion et la nature même ne lui faisaient point un devoir. Elle se renferma dans la chambre du malade, fit consentir madame Rambouillet à ne point y entrer, et, seule, tespirant un air empesté, donna ses soins avec une présence d'esprit et une tranquillité toujours égale, non-seulement à son frère, mais encore à plusieurs domestiques qui furent attaqués du mal contagieux. Sa tendre charité ne put sauver celui qui en était l'objet. Ce frère, dont la vie lui était plus chère que la sienne propre, succomba à la violence de son mal, et expira le neuvième jour, entre les bras de son incomparable sœur. Ce trait héroïque devait faire naître d'autres sentiments que ceux de l'admiration dans une âme de la trempe de celle de Montausier. Cependant cette union rencontra de grands obstacles, et la constance de l'amant ne fut couronnée qu'après de longues épreuves.

A la vérité, le ciel avait formé ces nœuds sacrés qui devaient l'unir éternellement à Julie d'Argennes. Déjà son âme était pénétrée de ces sentiments qu'inspirent la sagesse, l'esprit et un mérite universel. Le respect et l'estime rapprochaient deux cœurs qui brûlaient d'être unis l'un à l'autre. Tous les deux avaient une conformité de mœurs et d'inclinations qui fait les liaisons parfaites : la même candeur dans leurs procédés, la même élévation de génie et de courage, le même amour pour la vertu, même au préjudice de la fortune; la même fidélité à remplir tous les genres de devoirs; le même goût pour le choix des conversations et des diverses branches des belles lettres; le même plaisir à faire du bien. Mais quels que fussent les rapports de sentiments et d'inclinations qui les rapprochaient, chacun d'eux professait une religion différente.

Tombez, voiles importuns qui lui couvrez la vérité de vos mystères; et vous, prêtre de Jésus-Christ, qui depuis si long-temps offrez à Dieu, pour son salut, et vos vœux et vos sacrifices, prenez le glaive de sa parole et extirpez jusqu'aux racines de l'erreur que la naissance et l'éducation avaient propagée dans son âme. Mais par combien de liens, qui semblaient indissolubles,

n'était-il pas retenu? La chair et le
sang qui l'attachaient auprès d'une mère
qu'il aimait autant par reconnaissance
et par raison, que par tendresse naturelle; certaines considérations de point
d'honneur qui lui faisaient craindre jusqu'aux moindres soupçons d'avoir chan-
gé de culte par inconstance; le pouvoir
que conservaient sur lui les premières
impressions de vérité ou de justice qu'il
avait recu; les réponses que les oracles
du parti lui avaient rendues, le soin
qu'il avait pris lui-même de s'aveugler
par des lectures dangereuses, étaient
autant d'engagemenis qui le liaient à
sa communion.

Mais aussi, dans la recherche des
motifs de sa foi, il avait conçu quelques doutes; la lecture des histoires de
l'Eglise lui avait fait entrevoir des nouveautés; dans ces derniers temps, de

contestations et des disputes qu'il avait soutenues, il était jailli des lueurs passagères qui avaient laissé dans son cœur des traces de lumière. Il n'était pas du nombre de ces hommes tièdes, à qui Dieu et le salut sont indifférents, qui demeurent sans mouvement là où ils sont tombés, soit au midi soit au septentrion, selon le langage de l'Écriture; qui ignorent ce qu'ils croient, et n'ont une religion que par hasard, et non par lumière : il savait rendre raison de sa foi, comme l'Apôtre le commande, et la connaissance de la vérité que Dieu lui accorda fut peut-être la récompense de son zèle.

Des lumières imperceptibles et successivent dissipèrent une partie de ces nuages dont il était environné : il demanda, et il reçut; il frappa, et on lui ouvrit. Il reconnut dans l'Église de

Jésus-Christ une puissance suprême de décision, qui nous fait croire ce qu'elle croit, pratiquer ce qu'elle ordonne. Dès-lors, M. de Montausier, devenu docile, humble, pénitent, surmontant le monde par sa foi, et la nature par la grâce, alla, sous la conduite de M. Faure, évêque d'Amiens, prélat respectable, au pied des autels, assujettir sa raison à l'autorité de l'Egliss, et offrit un sacrifice de ses erreurs devant les ministres du Dieu de vérité.

Les accroissements de sa foi furent rapides, et c'était avec des transports de joie qu'il chantait le cantique de sa délivrance. Il mit le zèle le plus ardent à exhorter quelques-uns de ses domestiques à rentrer, comme lui, dans le bercail de Jésus-Christ; il leur fournit les livres, et leur objecta les raisons les plus propres à les convaincre. Sa charité ne fut pas moins empressée à éclairer plusieurs de ses amis, dont il voyait la conscience irrésolue et inquiète; il les ébranlait par ses conseils, il leur racontait ses combats, pour les exciter à gagner sur eux la même victoire, et pour guérir leur opiniâtreté, il déplorait en leur présence la sienne propre.

Dans toutes ses études, ce grand homme ne cherchait que la vérité; elle était son unique passion. La science n'était point pour lui un vain ornement, un aliment de l'orgueil et de la vanité. Plus jaloux d'être instruit pour lui même que de briller aux yeux des autres, il ne se livrait à un travail aussi continuel, que dans la vue de se rendre plus digne des emplois importants auxquels il était appelé par sa naissance et par ses talents. Servir l'Etat et son souverain, telle était l'unique manière dont ce jeune duc voulait faire sa cour et obtenir ce que l'on appelle les faveurs de la fortune. Il va se ranger sous les drapeaux des Veimar et des Guébriant : devenu compagnon d'armes de ces grands hommes, il les sert utilement de son bras et de ses lumières, et s'en fait estimer. Mais si la bravoure du jeune héros excite l'admiration, combien ce sentiment ne s'accroît il pas en considérant la générosité avec laquelle il traite les vaincus ! « Faisons craindre notre valeur, disait-il, et non pas notre cupidité. » D'après cette maxime, le combat terminé, il ne connaissait plus d'ennemis. Jamais il n'exigea d'eux ni de ces taxes, ni de ces contributions onéreuses qui, en enrichissant le vainqueur, sont autant de preuves de son avarice et de sa dureté. Il mettait, au contraire, tous ses soins à réprimer la licence du soldat, et à contenir sa rapidité dans les bornes de la

justice. On aime à voir ce jeune guerrier déjà saisir cette importante vérité,
que la conduite des gens de guerre con-
cilie parfaitement de nouveaux sujets
à l'autorité conquérante, ou les rend
les ennemis les plus inflexibles; aussi
la discipline militaire était surtout l'objet de ses soins : on se plaisait à le voir
étouffer les querelles, réprimer la fureur
des duels, ménager un sang qui ne doit
être versé que pour la patrie, établir
cette police exacte qui fait la sûreté du
citoyen livré à des emplois pacifiques,
qui met un frein à l'humeur altière du
soldat, lequel, au sein même de la patrie, ne se croit que trop souvent en pays
ennemi. Il ne surveillait pas avec moins
d'attention les subalternes, pour les
animer par ces exemples; il fit aimer la
domination française, et c'est ainsi
qu'après avoir livré bien des combats,
après avoir surmonté mille obstacles ,

Montausier eut la gloire d'assurer à la France la tranquille possession d'une importante conquête.

Personne n'ignore les dissensions qui agitèrent le royaume après la mort de Louis XIII. Montausier, toujours ferme dans ses principes, se montra inviolablement attaché à la cause du jeune roi, et les sollicitations du grand Condé ne purent l'ébranler un moment, quelques mortifications qu'il eût essuyées de la part du ministre. Toujours fidèle à l'État et à son souverain, il maintint dans l'obéissance la Saintonge et l'Angoumois, provinces que leur situation rendait infiniment importantes au parti royal, et les blessures qu'il reçut furent comme autant de témoignages éloquents de sa fidélité à ses devoirs et de son amour pour le prince.

Il est pénible, sans doute, de rappeler ici qu'après des services aussi signalés, Montausier n'éprouva qu'ingratitude de la part de la cour. La paix faite, la faveur et l'intrigue distribuèrent les charges et les emplois, et il fut oublié. Relégué dans son gouvernement, loin de murmurer de cette injustice, il ne s'occupa qu'à faire tout le bien dont il était capable, et sa vertu lui tint lieu des faveurs de la fortune. Par son zèle et sa prudence, il parvint à y rétablir la paix et la confiance, que les dissensions civiles en avaient bannies. Les lois recouvrèrent leur vigueur : le faible reposa tranquillement à l'ombre de leur protection, l'homme puissant fut soumis à leur autorité, et tous les abus disparurent.

Transféré, par l'ordre du roi, au gouvernement de Normandie, Montausier y arrive précisément lorsque la peste désolait la capitale de cette province, et y faisait les plus cruels ravages. Tous les citoyens étaient dans le deuil et dans la consternation. On n'y réconnaissait plus d'ordre, plus de société, plus de sensibilité, plus d'humanité ; les devoirs de la vie civile étaient négligés, les affaires suspendues, le commerce interrompu, on se fuyait réciproquement, et chacun, occupé de son propre péril, ne connaissait plus ni les liens du sang, ni ceux de l'amitié. Le généreux gouverneur accourut vers ces infortunés, et vint partager leurs dangers. Celui qu'il va courir, les représentations qu'on lui fait, les délices de la cour, les larmes d'une épouse chérie, rien ne peut l'arrêter : « Je dois, dit-il, l'ordre et la protection à ce peuple ; il a droit à mes secours ; ma vie n'est pas plus précieuse que mon devoir ; je crois les gouverneurs obligés à résidence, comme les évêques : si l'obligation n'est pas si étroite dans toutes les circonstances, elle est du moins égale dans les calamités publiques. Le ciel applaudit à un aussi noble dévouement : dès que Montausier se montre, le fléau modère sa fureur; et en employant les moyens propres aux circonstances, on parvient à sauver une multitude d'hommes que la mort semblait avoir déjà désignés pour en faire ses victimes.

Dieu ne laisse jamais sans récompense une action qui a sa gloire pour objet. Louis XIV, jaloux de procurer à son fils une éducation digne de sa haute destinée, fit un long examen de tous les hommes célèbres dont il était environné, pesa leurs qualités et leurs talents, et se décida en faveur de Montausier « Voilà, dit-il, en le présentant au dauphin , voilà un homme que j'ai choisi pour vous mettre entre ses mains ; j'ai cru ne pouvoir rien faire de meilleur pour vous et pour mon royaume ; si vous suiviez ses instructions et ses exemples, vous serez tel que je vous désire. Si vous n'en profitez pas , vous serez moins excusable que la plupart des princes, dont on néglige ordinairement les premières années , et moi je serai quitte envers tout le monde, après avoir fait un tel choix. »

Le dauphin ne fit que passer des mains de la duchesse de Montausier dans celles de son illustre époux ; elle avait déjà ébauché son éducation , en présidant au jeux de son enfance, et les soins et l'habileté de cette femme célèbre avaient préparé le jeune prince à recevoir les impressions qu'on désirait lui donner.

Mais quels moyens, quelles qualités, quels talents, quelle expérience apporta Montausier à la fonction sublime de former un homme, un chrétien, et le digne souverain d'un grand peuple ! que lui manquait-il pour un emploi si glorieux, mais si difficile ? Du savoir ? il avait acquis par ses lectures continuelles, la connaissance des habitudes de tous les pays et de tous les siècles. Il était devenu, pour ainsi dire, le témoin de la conduite de tous les princes. Il avait assisté à leurs conseils et à leurs combats. Il connaissait toutes les routes de la vertu et de la gloire antique et moderne. De la probité ? rien n'était plus connu que son désintéressement et son respect religieux pour sa parole. Il pouvait instruire son élève sans rétracter ses principes et sans se condamner lui-même ; ses exemples s'affaiblissaient par ses préceptes, il n'avait point à

justifier auprès du prince ni des courtisans la contradiction de ses mœurs
avec les règles qu'ils prescrivait. De la
piété? Il avait connu Dieu et l'avait
glorifié. Il n'avait eu que de l'horreur
pour le libertinage, et soit qu'il fût à la
cour, soit qu'il fût à l'armée, il avait lu
la loi de Dieu et y avait appris ce qu'elle
défend et ce qu'elle ordonne ; il était
censeur zélé des vices, mais sans ai-
greur et sans indiscrétion ; il était chrétien de bonne foi, et sans hypocrisie.

Si l'on fixe les yeux sur sa vie privée,
on le verra constamment équitable à
l'égard de ses domestiques ; les pères
laissaieut comme un héritage à leurs enfants la protection d'un si bon maître.
Environné d'une foule de serviteurs, il
cherchait à faire à chacun une fortune
dont l'acquisition convînt à leur incli-
nation. Désintéressé pour lui, empressé

pour eux, il ne se sentait jamais plus heureux que lorsqu'il pouvait opérer leur bonheur : leur grand nombre pouvait lui être onéreux, mais il ne l'était pas à sa générosité. Il savait qu'il n'avait pas besoin d'une maison aussi considérable, mais il croyait que tous ceux qui la formaient avaient besoin de lui, et il les gardait plutôt par bonté que par un vain motif d'ostentation.

Son amour pour les pauvres prenait sa source dans les sentiments de bienfaisance. L'Ecriture sainte prononce que l'aumône est une injustice. Ce que nous appelons un don, le sage le nomme une dette, et la mesure de la miséricorde que nous attendons est la mesure de la miséricorde que nous avons faite. Pénétré de ces vérités, il répandait abondamment sur tous les indigents les secours de la charité. Il n'attendit pas à

la mort pour consacrer à Jésus-Christ
une partie de ses richessee. Il savait
qu'une charité tardive, selon les Pères
de l'Église, était plutôt l'effet de l'avarice que celui de la piété ; qu'il faut être
soi·même son exécuteur testamen-
taire, le distributeur de ses legs pieux,
et offrir à la religion un sacrifice, par
une distribution volontaire de ses au-
mônes.

Qui pourrait nous révéler les dons
secrets de sa charite? on le verrait
pourvoir à l'éducation d'une fille que
la pauvreté pouvait précipiter dans le
vice; fournir aux frais des études d'un
pupille qui parvient aux fonctions du
sacerdoce. Ici, des gentils hommes indigents furent soutenus par ses dons généreux au service du prince et de la patrie. Là, un mérite naissant qu'aurait
accablé le poids de sa mauvaise fortune,

fut élevé par ses libéralités. Sortez de ces retraites où la misère et la honte vous dérobent aux regards, familles infortunées, et dites-nous par quels moyens ingénieux il versa sur vous, d'une main inconnue, des secours inespérés. Et vous, asiles sacrés des disgrâces de la nature ou de la fortune, monuments éternels de sa piété, hôpitaux élevés par ses soins et par ses bienfaits dans les villes de ses gouvernement s, pour les mettre à couvert d'une importune mendicité, faites retentir jusqu'au ciel les vœux et les prières des pauvres que vous renfermez.

Louis-le-Grand, dont les choix, en rendant justice au mérite, faisaient toujours honneur à sa sagesse, s'applaudit en se substituant M. de Montausier dans l'exercice d'un de ses devoirs les plus importants et les plus indispensables.

Accablé des soins du gouvernement
d'un vaste royaume, il confia à ce ser-
viteur fidèle la conduite de son fils.
Il lui recommanda de veiller à son instruction, et se réserva de lui laisser de
grands exemples. Il voulut que le siècle
présent jouît de la félicité de son règne,
et fonda sur la conscience et l'habileté
de ce prudent gouverneur, les espérances du siècle à venir.

Ainsi fit-il à sa reconnaissance et à
ses devoirs le sacrifice de ses plaisirs,
de ses intérêts et de sa liberté. Il n'eut
plus de pensées et d'affections qui ne
fussent rapportées à ce jeune prince; il
tempéra l'austérité des préceptes par la
tendresse qu'il avait pour son élève,
sans que son amour dégénérât en fai-
blesse dans le gouverneur investi de
l'autorité du roi. Par ce juste tempérament, il développait prématurément la

raison du prince, et en corrigeait les défauts. Sa principale occupation fut de l'accoutumer à connaître et à aimer la vérité. Il savait que les grands apportent dans ce monde certaines délicatesses qui retiennent dans un silence timide les courtisans qui les approchent; qu'on ne leur présente jamais des miroirs qui les représentent fidélement à leurs propres yeux; qu'avant qu'ils sachent qu'ils sont hommes et qu'ils sont pécheurs, on leur apprend qu'ils ont des sujets et qu'ils sont les maîtres de leur destinée.

Plus le prince qu'il gouvernait avait de bonté et de docilité naturelle, plus il en éloignait tout ce qui eût pu corrompre son cœur. Souvent il détourna les impressions de louanges qui, telles qu'un serpent tortueux allaient se glisser dans son âme, et dissipa les vapeurs de l'encens dont l'odeur suave, mais perfide, aurait enivré une imagination encore tendre. Il lui apprenait à faire la différence d'un ami d'avec un flatteur. Jamais il ne lui laissait lire les épîtres dédicatoires qu'on adressait au fils du monarque. Il le surprit cependant un jour lisant à la dérobée une de ces épîtres, mais il fit bien mieux que de l'arracher de ses mains, il lui dit de la lire tout haut; et l'arrêtant à chaque phrase : « Ne voyez-vous pas, Monseigneur, lui observait-il, qu'on se moque impunément de vous ? Croyez-vous de bonne foi posséder toutes les qualités qu'on vous attribue, et dont on ne peut vous louer avec si peu de ménagement sans avoir pour vous un mépris qui doit bien plus vous offenser que ces plats éloges ne doivent vous plaire ? Combien de fois déchira-t-il d'une main sévère les premiers voiles dont une cour artificieuse s'efforçait de fasciner ses yeux, pour lui laisser ignorer quelque vérité ou quelque devoir ! Ainsi, tout entier à son emploi, pénétré de la grandeur et de l'importance de ses fonctions, Montausier se regardait déjà comme comptable envers la nation des vices ou des vertus d'un prince né pour faire un jour ou son malheur ou sa félicité.

Il s'attacha à étudier le caractère de son élève, à observer ses bonnes et ses mauvaises qualités, et, parmi les premières, découvrir celles dont on pouvait abuser, pour le prémunir contre la séduction. Il fut inséparable de sa personne, le suivit dans tous ses exercices, et surtout dans ses plaisirs et ses amusements, parce que les inclinations de l'âme, plus libres alors, se décèlent, et se montrent telles qu'elles sont. Il gagna sa confiance, pour connaître les secrets

dé son cœur, pour en découvrir les faiblesses et y appliquer le remède ; il pro-
fita des occasions ou les fit naître adroi-
tement, pour graver plus profondément
ses leçons dans son esprit. Il l'accoutu-
ma de bonne heure à la réflexion, au
travail et à l'application, pour le mettre
plus en état de soutenir le poids du gouvernement, et de voir tout par lui-
même. Il orna son esprit de toutes les
connaissances convenables à un prince,
lui inspira de l'estime pour les sciences
et pour les savants. Il réprima en lui
les saillies de l'amour-propre, les pré-
tentions de l'orgueil, les dédains de la
fierté. Il le forma aux vertus publiques
et aux vertus privées. Il sut allier,
dans ses leçons, le respect dû à l'héritier de tant de rois, avec les droits de
l'autorité qui lui était confiée : au lieu
d'être le premier flatteur de son élève,
il s'en montra le sage et affectueux

Mentor; et son exemple fut pour le prince la plus utile des instructions. Rien n'est aussi difficile que d'élever un jeune prince né pour la royauté. Il faut lui inspirer de la hardiesse sans présomption, lui faire sentir ce qu'il doit être et lui faire connaître ce qu'il est. Il suffit de lui montrer en perspective le trône où il doit être assis, et de lui essayer, pour ainsi dire, la couronne, afin qu'il sache la porter quand la Providence la placera sur sa tête. Il est nécessaire de lui inspirer à la fois l'amour des vertus propres à un roi, et celles qui conviennent au sujet: de lui montrer la gloire du gouvernement, et le mérite de l'obéissance, et de lui faire apprécier l'éclat de son rang, comme le centenier de l'Évangile. Je vois des peuples sous ma puissance, mais j'ai une puissance au-dessus de moi; je commande des armées, mais j'exécute ce qu'on m'ordonne ; j'ai des sujets , mais j'ai un maître.

Telles étaient les instructions que lui donnait le duc de Montausier : il lui inspirait la modération en élevant son courage ; il lui formait ce cœur docile que Salomon demandait à Dieu pour la conduite de son peuple. Il lui marquait les justes mesures de sa grandeur, en l'instruisant de ce qu'un roi doit à ses sujets, et de ce qu'un fils doit à son père.

Il lui répétait fréquemment que la fin principale du gouvernement était le bonheur des peuples ; que la vérité et la fidélité sont les vertus essentielles des princes, qui sont les images du vrai Dieu et les arbitres de la foi publique ; que les plus grands royaumes n'étaient qu'un point devant Dieu, et n'ayant qu'un instant de durée, les souverains devaient être doux et modérés dans l'exercice de leur puissance, et soupirer après une gloire immortelle et divine. O sages et saintes maximes qu'il rédigea par écrit pour l'instruction du prince, que sa modestie a condamnées à ne pas voir le jour, mais dont la vie de l'auguste élève qui les mit en pratique nous retrace toute la sagesse ! Soit que nous le voyons armé des foudres de la guerre que le roi a placées dans ses mains, soit qu'il vienne à la cour jouir de sa renommée, quel bonheur n'éprouve-t-il pas, en recueillant le fruit des instructions données à l'âme de ce jeune vainqueur, en louant sa bonté, sa douceur, sa libéralité, sa religion et sa justice, et en le félicitant de ses vertus, tandis que les courtisans le félicitaient de ses victoires. Lorsque le dauphin eut pris Philisbourg, le duc lui écrivit : « Monseigneur, je ne vous fais pas de compliment sur la prise de Philisbourg. Vous aviez une bonne armée, une excellente artillerie et Vauban. Je ne vous en fais pas non plus sur les preuves que vous avez données de bravoure et d'intrépidité, ce sont des vertus héréditaires dans votre maison. Moi je me réjouis avec vous de ce que vous êtes libéral, généreux, humain, faisant valoir les services d'autrui, et oubliant les vôtres : c'est sur quoi je vous fais mon compliment. »

Tels avaient été les résultats des fondements solides sur lesquels l'éducation du prince avait été faite. Louis XIV était si plein de confiance dans les lumières et le discernement de M. de Montausier, qu'il lui avait laissé le choix de ses collègues. C'est lui qui avait proposé Bossuet pour précepteur de son élève. Le savant M. Huet avait été aussi placé, par ses conseils, auprès du dauphin, pour le guider dans l'étude des langues, et lui ouvrir les trésors de l'antiquité.

A mesure que la raison croissait et se fortifiait, les leçons du gouverneur devenaient d'une plus haute importance. Ce fut alors qu'il lui développa les grands principes de gouvernement ; il lui découvrit les systèmes politiques des cours, et le rendit, pour ainsi dire, présent à tous leurs conseils et à toutes leurs délibérations. Il lui apprit à connaître les hommes, à se défier de ceux qui l'entouraient, à ne donner sa confiance qu'à l'homme sincère, qu'au sujet fidèle. S'il voulait ensuite exciter la sensibilité du dauphin sur cette portion de la nation la plus indigente, mais la plus nombreuse et la plus utile, il le conduisait dans la chaumière du pauvre, et lui mettait la misère sous les yeux.

« Voyez, disait-il au prince, c'est sous ce chaume et dans cette misérable retraite que logent le père, la mère et les enfants, qui travaillent sans cesse pour payer l'or dont vos palais sont ornés, et qui meurent de faim pour subvenir aux frais de votre table. »

Tandis que M. de Montausier se livrait au soin de faire de son élève un prince droit, affable et généreux, Bossuet présentait à ce prince la religion telle qu'elle est, grande et sublime. Ce fut à la prière du premier que celui-ci composa ses fameux discours, où toutes les révolutions des empires rapprochés sous le même point de vue, offraient sans cesse aux yeux du dauphin l'histoire des prodiges d'un Dieu faisant tourner toutes ces révolutions à la gloire de son nom et à l'établissement du culte par lequel il veut être honoré. Ce fut encore par ses conseils et sur un plan écrit de sa main que se firent les fameux Commentaires de la dauphine ; enfin c'est à lui personnellement que nous devons un recueil de maximes composées pour l'instruction de son auguste élève. Il règne dans cet ouvrage (resté imparfait) un grand sens et un fond admirable de religion. On voit d'ailleurs que ces maximes sont le fruit d'une longue expérience, et d'un désir sincère d'être utile aux peuples. Le ton de franchise, la noble simplicité avec lesquelles elles sont écrites conviennent parfaitement au sujet qu'elles traitent.

Tandis que l'habile gouverneur consacrait ainsi toutes ses veilles à l'éducation du dauphin, et que le même es-

prit animait ses illustres collègues, de
vils courtisans le calomniaient auprès
du roi, et il se vit obligé de justifier sa
conduite, en rendant un compte public
des instruction qu'il donnait à son élève. Parmi ces vils courtisans, corrup-
teurs de toute morale, ennemis jurés de
tout principe religieux, il en était peu
qui né fussent révoltés de l'austère probité et de la piété sincère et ferme du
vénérable tuteur de l'héritier du trône.
Les médecins du prince, plus attachés
aux maximes de leur art qu'aux lois de
la religion et de l'Eglise, décidèrent
qu'il devait être dispensé du carême
pendant sa jeunesse. Mais le gouverneur
s'opposa à l'ordonnance, et dit que le
dauphin était d'un âge assez avancé et
d'une santé assez forte pour pouvoir
observer l'abstinence prescrite. En vain,
pour le gagner, on allégua la qualité
d'héritier présomptif de la couronnue, le

duc, inébranlable lorsqu'il était question des principes, répliqua que les enfants des rois et les rois eux-mêmes étaient assujettis aux lois de l'Eglise, et qu'ils devaient encore y être plus soumis que les simples sujets, par l'obligation que leur impose leur rang de donner l'exemple aux peuples. Pour terminer le différent, on proposa de s'en rapporter au jugement d'un prélat. « Je le veux bien, répondit le gouverneur, mais s'il décide contre moi, on ne trouvera pas mauvais que je m'en tienne à la parole de l'Evangile, qui dit : Si un aveugle mène un autre aveugle, ils tomberont tous deux dans le précipice. »

On crut l'ébranler en lui remontrant que si le prince tombait malade, on ne manquerait pas de s'en prendre à lui : mais il représenta, à son tour, qu'on aurait tort de le rendre responsable des accidents qu'il n'était pas possible de prévoir, et qu'une crainte fondée sur un avenir incertain ne l'engagerait jamais à parler contre la justice et contre sa conscience : il fallut céder et abandonner l'affaire à la discrétion du zélé gouverneur, et l'on n'eut pas sujet de s'en repentir. Sous sa conduite, le dauphin observa toutes les abstinences de l'Eglise, et sa santé n'en fut pas moins bonne ; il était plus robuste à quinze ans qu'on ne l'est communément à vingt-cinq.

Il faut en convenir, si le caractère de Montausier déplut à la cour, les taches légères de ce grand caractère, et plus encore ses vertus, n'étaient pas propres à lui concilier tous les cœurs. Ayant demandé à Sa Majesté une petite abbaye pour un de ses amis, il fut refusé, et sortit furieux de chez le roi, en disant :

« Il n'y a que les ministres et les maîtresses qui aient du pouvoir en ce pays. » Ce propos était au moins imprudent; le roi en fut informé. Il fit appeler M. de Montausier, lui reprocha avec douceur son emportement, le fit ressouvenir du peu de sujet qu'il avait de se plaindre de lui; le lendemain il fit madame de Crussol dame du palais. Cette conduite, digne de Titus, est une vengeance bien cruelle.

Une autre cause des dégoûts que suscitait à l'homme de bien une cour voluptueuse, fut sans doute ce langage de la vraie philosophie qu'il avait toujours tenu à son éléve, et ce dévouement parfait à la vérité et aux avertissements de la conscience, dont sa conduite entière était un modèle. Dans une de leurs conférences, le prince crut avoir été frappé par son gouverneur.

— Comment, Monsieur, vous me frappez? qu'on m'apporte mes pistolets?

— Apportez à Monseigneur ses pistolets, répond froidement le duc.

Il les lui fait remettre entre les mains:

— Voyez Monseigneur, ce que vous voulez faire.

Le prince tomba à ses genoux.

— Voilà, Monseigneur, où conduisent les passions.

M. de Montausier conserva avec Louis XIV son austère vivacité. Ce prince lui dit un jour qu'il venait enfin d'abandonner à la justice un assassin auquel il avait fait grâce après son premier crime, et qui avait tué vingt hommes.

— Non, Sire, répondit-il, il n'en a tué qu'un, et Votre Majesté en a tué dix-neuf.

Quels que fussent le caractère et le nombre de ses ennemis, l'habile et pieux gouverneur démasqua leur malice et déconcerta leurs plans. A la cour même, la vertu triompha; tous les orages se dissipèrent; et Montausier, après avoir rempli constamment l'honorable tâche qui lui avait été imposée, se retira, en adressant au dauphin ces paroles mémorables:

— Si vous êtes honnête homme, vous m'aimerez; si vous ne l'êtes pas, vous me haïrez, et je m'en consolerai.

Rendu à lui-même, il ne songea plus qu'à faire le bonheur de sa famille; la mort le sépara de sa vertueuse épouse, et il la pleura amèrement le reste de ses jours. Sa tendre affection pour elle, il la transmit tout entière à ses enfants, qu'il regardait comme la plus douce image de celle qu'il avait perdue. Ses domestiques étaient aussi l'objet touchant de son intérêt; il ne les considérait que comme des amis malheureux, dont il ne devait pas aggraver les peines, mais soulager les infirmités et récompenser les services. Ils n'avaient pas connu dans sa maison le fardeau de la servitude, et les pères transmettaient à leurs enfants leur fidélité et leur attachement à un si bon maître; leurs générations se perpétuaient dans sa maison, et ne semblaient former, avec ses propres enfants, qu'une seule et même famille.

Représenter le duc de Montausier comme un homme entièrement exempt de défauts, ce serait se rendre coupable de cette adulation dont il fut toujours l'implacable ennemi. Il paya plusieurs fois le tribut à la faible et fragile humanité. Il ne fut pas toujours à l'abri de la prévention; mais il était trop généreux, trop sincère, pour ne pas avouer son erreur dès qu'il l'avait reconnue. Au reste, si Montausier eut des faiblesses, son cœur, au milieu même de ses écarts, restait fidèle à la vertu. Dans sa jeunesse, il se livra, comme la plupart des hommes de son temps, à la cruelle manie des duels; mais, devenu plus mûr, il expia cette passion funeste par les larmes qu'il versa, le reste de sa vie, sur des triomphes et des victoires dont

tout chrétien, tout bon citoyen, doit
rougir. L'austérité de ses mœurs l'a fait
accuser de dureté par ses ennemis ou
par ses envieux, et cet homme si dur
ne put jamais prendre sur lui de se
trouver à un conseil de guerre, ni de
donner sa voix pour condamner quel-
qu'un à la mort; et chacun de ses jours
était marqué par quelques bienfaits.
Ici on le voit essuyer les larmes de l'in-
digent, affermir une fortune chance-
lante; là, il encourage l'insdustrie et
procure à des talents obscurs les moyens
de se produire. Il n'hésita jamais à se
déclarer le protecteur de l'homme de
mérite, sans prôneurs et sans cabale, et
le défendit contre les traits de l'envie; à
en juger par son zèle, on eût imaginé
qu'il se croyait seul chargé d'acquitter
la dette des grands de la terre envers les
malheureux. C'était surtout cette double
misère que la honte retient dans l'obs-

curité, que sa main bienfaisante aimait à soulager. Combien de familles, réduites au désespoir, ont été consolées par ses secours imprévus !

Fait prisonnier de guerre et ayant été échangé, il obtint, par son crédit, la liberté de plusieurs officiers qui auraient langui dans une triste captivité, et il les rendit à leur patrie et à leurs familles. Il laissa dans tous ses gouvernements des monuments de sa bienfaisance; un grand nombre d'asiles ouverts par lui à l'indigence ont retenti longtemps des louanges et des bénédictions données à sa mémoire.

Toutes les paroles qui sortaient de la bouche de cet homme illustre étaient autant de maximes de probité. Ennemi des louanges, qu'il repoussa toujours, il n'en accordait au mérite qu'avec une extrême réserve , craignant ou d'alimenter la vanité, ou d'alarmer la modestie. Jamais il n'exista d'ami plus tendre et plus solide, de protecteur plus zélé de l'innocence, et rien ne lui coûtait pour soustraire le faible à l'opression du fort.

Mais quel fut le principe de cette réunion de rares qualités? Il les dut à sa piété : du moins elle leur donna tout leur éclat. Il cherchait Dieu, selon le conseil de l'Apôtre, dans la simplicité et la sincérité de son cœur. Sa foi était si vive qu'il semblait qu'il eût pénétré les mystères du Christianisme; il croyait à toutes les vérités qu'il enseigne ; l'insensé ferma devant lui sa bouche impie, et, forcé de comprimer ses vaines et sacriléges pensées, se contenta de dire en son cœur : Il n'y a point de Dieu. M. de Montausier assistait tous les jours au saint sacrifice , et son attention et sa modestie imprimaient le respect aux âmes les moins pénétrées de la majesté de Dieu et de la sainteté de son temple. Nous l'avons vu indigné de ces murmures importuns qui interrompent les oraisons des fidèles et troublent, dans la maison de Dieu, le vénérable silence des saints mystères, se lever avec indi-gnation, et, faisant l'office des anciens diacres de l'Eglise, ordonner qu'on flé-chît le genou, et qu'on se tût devant le Saint des saints, qui, pour être caché aux sens, n'en était pas moins redou-table. Personne n'adora Dieu dans un anéantissement plus parfait. Il le recon-naissait pour être son origine et sa fin, et, quoiqu'il eût pour lui cet amour de préférence qu'il lui donnait un empire absolu sur ses volontés propres, il se reprochait de ne pas éprouver pour lui toute l'affection qu'il ressentait pour ses amis. Avec quelle effusion de cœur ne lui exprimait-il pas ses nécessités spirituelles et celles de sa famille, dans ces prières pures et pleines d'onction qu'il avait composées lui-même pour implorer sa miséricorde, ou pour lui offrir ses vœux et sa reconnaissance. Où puisait-il ses lumières, si ce n'est dans la loi qui en est la source éternelle? Il avait lu cent treize fois le nouveau Testament avec respect et application. Ministres de sa parole, destinés à la dispenser à ses peuples, l'avons-nous lue, l'avons-nous méditée aussi souvent ? Les premiers chrétiens faisaient autrefois enterrer avec eux les livres des Evangiles, portant jusque dans le tombeau le trésor de leur foi et le gage de leur résurection. Et celui que nous louons aujourd'hui les eut jusqu'à la mort entre mains, et voulut expirer en professant aussi son adhésion à ce saint dépôt de la vérité.

La vertu, sous les cheveux blancs de cet homme vénérable, acquérait un nouveau degré d'autorité. Respecté de toute la cour, honoré de son souverain , sa carrière, quoique prolongée au-delà des longévités ordinaires, était encore trop courte pour l'humanité. Ah ! que les hommes de ce caractère ne sont-ils immortels ! ce serait une digue opposée à la corruption des mœurs. Leur exemple réclamerait sans cesse, en faveur de la vertu, contre les abus et les vices qui déchirent la société. Etendu sur le lit de douleur, l'illustre vieillard reçut le témoignage le plus flatteur de l'estime et de la bienveillance de son maître. Louis XIV lui fit dire qu'il était content de ses longs services, qu'il lui donnait des regrets, et que sa cour perdrait en sa personne son plus bel ornement. Le prince pouvait ajouter sans doute un homme unique dans le siècle si fécond en grands hommes. Eh ! ne peut-on pas dire aussi que le caractère de M. de Montausier lui assigne un rang particulier sous le règne du plus grand des monarques. Mais cet éclat de la gloire humaine s'évanouit devant le flambeau de la foi, éclairant les derniers pas du juste qui va mourir. « C'est ici (s'écria le grand évêque qui, plutôt historien que panégyriste de son illustre ami , fut son consolateur et son guide sacré dans le terrible passage du temps à l'éternité), c'est ici, Messieurs , l'endroit sensible de mon discours. Ne craignez pas pourtant que je me livre à la douleur. J'ai vu cette grande miséricorde que Dieu lui avait réservée, et j'ai pour moi toutes les consolations de la foi et de l'espérance des Ecritures, dans la gloire d'une réputation qu'une vertu consommée lui avait acquise, et que l'envie n'osait plus lui disputer. Dans une vigueur d'esprit et de corps que l'âge et les maladies semblaient avoir jusque-là respectée, il tombe tout à coup dans ces ennuyeuses douleurs où l'on souffre sans secours et sans intervalle ; la respiration qui nous fait vivre le fait mourir à tous moments. Les nuits, plus tristes que les jours, lui ôtent les douceurs de la compagnie, et ne lui donnent pas celle du repos, Il ne peut ni s'étendre sur la croix, ni trouver de situation ni de remède qui le soulage : quels furent ses sentiments de piété dans ce temps de langueur et de patience! quel mépris du monde et de ses vanités! Il comptait ses prospérités temporelles, dont il avait toujours senti et le néant et le danger, et s'écriait en soupirant : Serait il possible, mon Dieu, que ce fût là ma récompense? Quelle horreur, mais quel repentir du péché ! Il repassait les années de sa vie dans l'amertume de son âme, et, se réveillant dans ses réflexion de pénitence : Quatre-vingts ans, disait-il, quatre-vingts ans, Seigneur, passés à vous offenser ! Quelquefois, se défiant de son propre cœur et craignant qu'il ne fût pas assez profondément touché, il disait : Vous m'avez appris, dans vos Écritures, que le cœur de l'homme est impénétrable ; le mien n'aurait-il de pli et de repli que pour vous ! vous tromperais-je, me tromperais-je, ô mon Dieu ! une sainte frayeur des jugements divins le saisissait. On voyait sa foi dans ses yeux et dans ses paroles. La confiance chrétienne venant au secours : J'approche, ajoutait-il, du trône de votre grâce, je vous amène un pécheur qui ne mérite point de pardon ; mais vous m'ordonnerez de le demander, la miséricorde en vous est au-dessus du jugement ; le sang de vôtre Fils n'est-il pas répandu pour moi, et n'est-ce pas sa fonction d'effacer les péchés du monde ?

» Dans cette ferveur de piété, les heures fatales s'avancent. Encore un coup, divine providence, étais je attendu , étais-je destiné à être le témoin et comme le ministre de son sacrifice ? Je vis ce visage que la crainte de la mort ne fit point pâlir, ces yeux qui cherchèrent la croix de Jésus-Christ, et ces lèvres qui la baisèrent : je vis un cœur brisé de douleur dans le tribunal de la pénitence, pénétré de reconnaissance et d'amour à la vue du saint viatique, touché des saintes onctions et des prières de l'Eglise, je vis un Isaac, levant avec peine ses mains paternelles pour bénir une fille que la nature et la piété ont attachée à tous ses devoirs, aussi estimable par la tendresse qu'elle eut pour lui que par l'attachement qu'il eut pour elle, et des enfants qui firent sa joie, et qui feront un jour sa gloire ; je vis enfin comment meurt un chrétien qui a bien vécu. »

LIMOGES — IMPRIMERIE DE BARBOU FRÈRES.

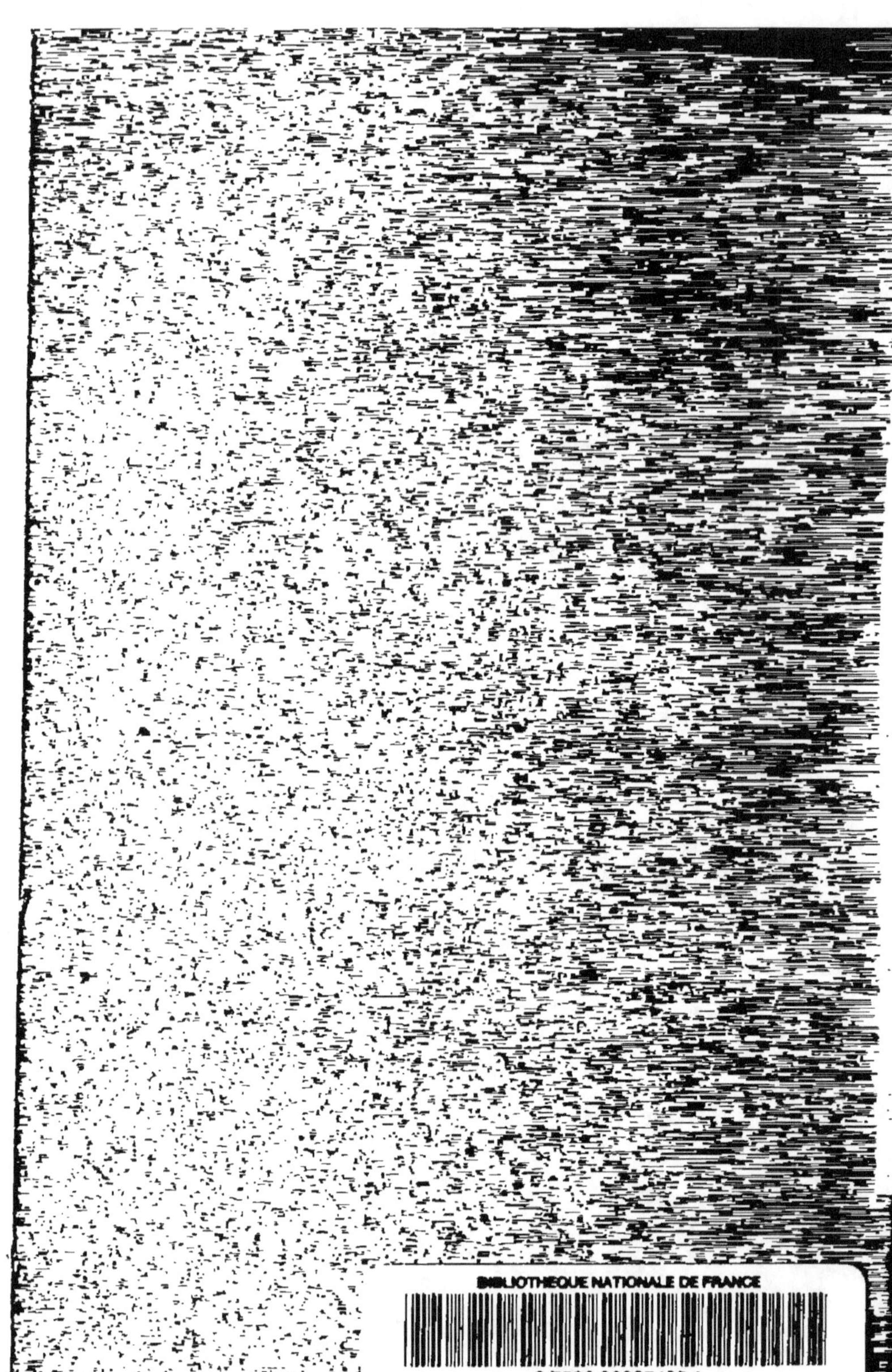
BIBLIOTHEQUE NATIONALE DE FRANCE